Au Cœur de Revit : Rêves d'Architecte

Chapitre 1: Un Nouveau Départ

Partie narrative:

Dans le calme de son petit studio, baigné par la lumière douce du matin, Alex était assis devant son ordinateur, les yeux fixés sur l'écran qui affichait l'interface de Revit. C'était le début d'une aventure qu'il avait longtemps attendue, un voyage dans le monde de la conception architecturale assistée par ordinateur.

Alex, un jeune ingénieur passionné d'architecture, découvrait Revit pour la première fois. Entre excitation et appréhension, il se rappelait ses jours d'enfance à construire des maquettes et à dessiner des plans de maisons imaginaires. Maintenant diplômé en génie civil, il voyait en Revit une porte ouverte sur un monde de possibilités infinies.

La pièce, légèrement en désordre, reflétait son amour pour l'architecture : des posters de grands monuments couvraient les murs, des livres d'architecture étaient éparpillés sur le bureau, et une tasse de café encore fumante trônait à côté de lui. Chaque objet racontait l'histoire de sa passion, une passion qui allait bientôt prendre forme grâce à Revit.

Avec une légère hésitation, il cliqua sur l'icône de Revit. L'interface du logiciel s'ouvrit, révélant un monde de possibilités. Les onglets, les menus et les outils, bien qu'intimidants au premier abord, représentaient les pinceaux avec lesquels il allait peindre son avenir.

Ce premier jour, Alex se consacra à explorer l'interface, à comprendre les bases. Chaque outil découvert, chaque fonctionnalité explorée était un pas de plus vers la maîtrise de ce puissant logiciel. Il se sentait comme un artiste devant une toile vierge, prêt à y dessiner son monde.

En se lançant dans les tutoriels, Alex commença à bâtir les fondations de son apprentissage. Les murs, les portes, les fenêtres, tout prenait forme petit à petit, transformant un simple écran d'ordinateur en un espace de création sans limite.

Au fur et à mesure qu'il progressait, les doutes laissaient place à la confiance. Revit n'était plus seulement un outil ; c'était un compagnon dans son voyage vers la réalisation de ses rêves architecturaux. C'était le début d'une aventure passionnante, une aventure où chaque clic apportait une nouvelle découverte, où chaque projet était une opportunité d'explorer, de créer et de rêver.

Dans le chapitre 1 de "Au Cœur de Revit : Rêves d'Architecte," Alex entreprend son parcours d'apprentissage de Revit, marquant les premiers pas d'une exploration passionnée et déterminée dans le monde de la conception architecturale.

Partie Instructions:

Dans le Chapitre 1, Alex commence son aventure avec Revit. Suivons les étapes initiales et les commandes de base pour bien démarrer avec ce puissant logiciel de conception architecturale.

1. Lancer Autodesk Revit:

Ouvrez Revit en double-cliquant sur l'icône de Revit sur votre bureau ou en le sélectionnant dans le menu démarrer.

À l'ouverture, vous verrez la page de démarrage où vous pouvez ouvrir des projets récents, en commencer de nouveaux, ou accéder à des ressources.

2. Se Familiariser avec l'Interface:

Le Ruban: En haut, le Ruban contient des outils regroupés dans des onglets comme Architecture, Structure et Gérer.

Palette de Propriétés: Sur le côté gauche, cette palette affiche les propriétés des éléments ou des outils sélectionnés.

Navigateur de Projet: Situé sur le côté droit, il organise les vues, les calendriers, les feuilles et les groupes de votre projet.

Zone de Dessin: La partie centrale de l'écran où vous créez et modifiez vos conceptions.

3. Démarrer un Nouveau Projet:

Allez dans Fichier > Nouveau > Projet.

Sélectionnez un modèle qui correspond aux besoins de votre projet. Les modèles contiennent des paramètres, des vues et des objets prédéfinis.

4. Navigation de Base:

Zoom: Utilisez la molette de défilement de votre souris pour zoomer et dézoomer.

Panoramique: Appuyez et maintenez la molette de défilement, puis déplacez la souris pour se déplacer dans la vue.

Rotation: Maintenez Shift + la molette de défilement et déplacez la souris pour orbiter autour d'un point.

5. Créer une Structure Simple:

Sélectionnez l'outil 'Mur' dans l'onglet Architecture.

Cliquez dans la zone de dessin pour commencer et terminer votre mur. Répétez pour créer une pièce ou une structure de base.

Utilisez la touche Échap pour sortir de l'outil mur.

6. Sauvegarder Votre Travail:

Allez dans Fichier > Enregistrer sous > Projet.

Choisissez un emplacement et un nom pour votre fichier de projet.

7. Explorer les Types de Vues:

Expérimentez avec différents types de vues comme les Plans de Sol, les Vues 3D et les Élévations trouvés sous le Navigateur de Projet.

Double-cliquez sur n'importe quelle vue pour l'ouvrir. Utilisez les outils de navigation pour explorer ces vues.

8. Propriétés Basiques des Éléments:

Sélectionnez un élément comme un mur. La Palette de Propriétés affichera ses propriétés.

Expérimentez en changeant les propriétés comme le type de mur, la hauteur et l'emplacement.

Dans le chapitre 1 de "Au Cœur de Revit : Rêves d'Architecte," nous suivons les étapes fondamentales pour débuter avec Revit, reflétant l'exploration initiale d'Alex dans le monde de la conception architecturale assistée par ordinateur.

Chapitre 2: Premiers Pas dans la Modélisation
Partie narrative:

Alex, après avoir pris ses marques avec l'interface de Revit, était prêt à franchir une étape significative dans le Chapitre 2 : la modélisation de son premier projet, une maison résidentielle simple. Ce chapitre représentait pour lui le passage de la théorie à la pratique, un défi qu'il abordait avec enthousiasme et une légère appréhension.

Le studio d'Alex baignait dans la lumière matinale, créant une atmosphère propice à la concentration. Devant lui, des croquis de la maison qu'il envisageait depuis ses jours à l'université -

une structure durable et compacte. Pour Alex, donner vie à ces esquisses dans Revit n'était pas seulement un exercice technique, c'était aussi réaliser un rêve de longue date.

Il ouvrit un nouveau projet dans Revit, choisissant soigneusement un modèle résidentiel adapté. Les outils de modélisation étaient maintenant familiers, et il commença à tracer les murs extérieurs, en s'inspirant de ses croquis. À chaque clic, la maison prenait forme sur son écran, chaque mur ajouté rendant le projet plus réel.

Les heures passaient alors qu'Alex peaufinait la disposition des pièces, plaçant minutieusement les portes et les fenêtres pour optimiser la lumière naturelle et la ventilation. Il se sentait comme un chef d'orchestre, chaque élément ajouté jouant un rôle crucial dans l'harmonie de la maison.

Cependant, la conception n'était pas sans défis. Alex rencontra une difficulté en essayant d'intégrer un escalier complexe. Après plusieurs tentatives et ajustements, il trouva une solution qui non seulement répondait aux exigences fonctionnelles mais apportait également une touche esthétique unique à la maison.

En fin d'après-midi, Alex se recula pour admirer son travail. La structure basique de la maison était là, devant lui, sur l'écran. Ce n'était pas seulement une série de murs et de toits, c'était le début d'un foyer, une structure qui portait en elle sa vision et sa passion pour l'architecture.

Dans le chapitre 2 de "Au Cœur de Revit : Rêves d'Architecte," Alex fait ses premiers pas dans le monde de la modélisation avec Revit, transformant des idées en un projet tangible. Ce chapitre illustre l'excitation et les défis rencontrés lors de la création d'un design architectural de la première ébauche à la modélisation 3D.

Partie Instructions:

Dans le Chapitre 2, Alex commence la modélisation de son premier projet, une maison résidentielle, dans Revit. Voici les étapes clés pour créer une structure de base dans Revit.

1. Configurer votre Projet:

Ouvrez Revit et commencez un nouveau projet (Fichier > Nouveau > Projet).

Choisissez un modèle de maison résidentielle qui inclut des paramètres prédéfinis adaptés à votre conception.

2. Créer le Plan de Sol:

Utilisez l'outil Mur de l'onglet Architecture pour commencer à créer les murs extérieurs.

Dessinez les murs en cliquant pour démarrer et terminer chaque segment de mur. Utilisez vos croquis préliminaires comme guide.

Ajoutez des portes et des fenêtres en utilisant les outils respectifs (Porte et Fenêtre) de l'onglet Architecture et cliquez sur le mur où vous souhaitez les placer.

3. Ajuster les Propriétés des Murs:

Sélectionnez un mur et utilisez la palette Propriétés pour changer le type de mur, la hauteur et d'autres propriétés.

Utilisez l'outil Aligner (Onglet Modifier) pour assurer l'alignement correct des murs.

4. Concevoir le Toit:

Sélectionnez l'outil Toit dans l'onglet Architecture.

Choisissez la méthode de création du toit (par empreinte, extrusion, etc.) et dessinez le contour du toit.

Ajustez les propriétés du toit, telles que la pente et le débord, dans la palette Propriétés.

5. Visualiser en 3D:

Basculez en vue 3D en sélectionnant le bouton Vue 3D par défaut (icône de maison) sur la barre d'outils d'accès rapide.

Utilisez les outils de navigation (orbite, panoramique, zoom) pour voir votre modèle sous différents angles.

6. Dépannage et Ajustement:

En cas de problèmes, comme un désalignement, utilisez la fonction Annuler et repositionnez les éléments si nécessaire.

Pour les problèmes de toiture, révisez l'esquisse et les propriétés du toit pour ajuster les pentes ou les limites.

7. Sauvegarder et Réviser:

Sauvegardez régulièrement votre progression (Fichier > Enregistrer sous).

Revoyez régulièrement votre mise en page et faites des itérations si nécessaire pour affiner la conception.

Dans le chapitre 2 de "Au Cœur de Revit : Rêves d'Architecte," nous suivons les étapes de base pour commencer à modeler une structure résidentielle simple dans Revit, reflétant le début du projet d'Alex. Ce chapitre offre un guide pratique pour les débutants dans la modélisation architecturale avec Revit.

Chapitre 3: Exploration du Design et de l'Agencement

Partie narrative:

Alex s'était familiarisé avec les fondamentaux de Revit, et maintenant, il était temps de plonger dans l'exploration détaillée du design et de l'agencement intérieur de sa maison résidentielle. Ce chapitre marque une étape importante, où son projet commence réellement à prendre vie, reflétant sa vision d'un espace à la fois fonctionnel et esthétique.

Avec une tasse de café à la main et une détermination renouvelée, Alex s'attaque à la tâche de donner forme à l'intérieur de la maison. Il ouvre son projet Revit, et devant lui se déploie un monde de possibilités. Sa première étape est de créer un agencement fluide et logique des pièces. Il envisage un espace ouvert, où la lumière naturelle inonde le salon, la salle à manger, et la cuisine, créant une atmosphère accueillante.

Alex se lance dans la sélection méticuleuse des matériaux et des finitions. Il choisit un parquet en chêne pour le salon, apportant chaleur et élégance, et opte pour des carreaux de céramique dans la cuisine et les salles de bain, combinant beauté et praticité. Chaque choix est réfléchi, chaque détail compte.

L'aménagement de la cuisine pose un défi particulier. Alex souhaite concevoir un espace non seulement beau mais aussi fonctionnel. Il passe des heures à ajuster l'emplacement des armoires, du réfrigérateur, et de l'îlot central, s'assurant que le triangle d'activité soit respecté pour une efficacité maximale.

La planification de l'éclairage joue également un rôle crucial. Alex expérimente avec différents scénarios d'éclairage, cherchant à créer une ambiance parfaite. Il place stratégiquement des fenêtres pour capturer la lumière du jour et sélectionne des luminaires qui complètent l'esthétique de chaque pièce.

À mesure qu'il avance, les espaces vides de son modèle Revit se transforment. La maison commence à refléter son style personnel, chaque pièce racontant une partie de son histoire architecturale. Mais avec cette transformation surviennent aussi des doutes. Est-ce que l'agencement est le meilleur possible ? Les matériaux choisis sont-ils en harmonie ?

Alex décide de prendre du recul et de revoir son travail. Il navigue à travers les différentes vues de Revit, ajustant et peaufinant son design. C'est un processus itératif, où la critique constructive de soi est essentielle.

En fin de compte, le chapitre se clôt sur une note de satisfaction. Alex a réussi à naviguer à travers les complexités de l'agencement et du design intérieur, apprenant de chaque défi rencontré. Son projet, autrefois une simple ébauche, est maintenant un espace conçu avec intention, prêt à accueillir la vie et les rêves de ses futurs occupants.

Dans le Chapitre 3 de "Au Cœur de Revit : Rêves d'Architecte," Alex approfondit sa compréhension du design et de l'agencement, illustrant le processus créatif et technique nécessaire pour transformer une maison de rêve en réalité.

Partie Instructions:

Après avoir établi les bases de sa maison résidentielle, Alex se concentre maintenant sur l'exploration plus approfondie du design et de l'agencement dans Revit. Ce chapitre guide Alex à travers le processus de création d'espaces intérieurs bien planifiés et esthétiquement agréables.

1. Création et Agencement des Pièces:

Utilisez l'outil Pièce sous l'onglet Architecture pour définir les différents espaces de votre projet, comme le salon, la cuisine, et les chambres.

Positionnez les pièces en fonction de votre plan d'étage préliminaire, en tenant compte de la circulation et de l'utilisation de l'espace.

2. Choix des Matériaux et des Finitions:

Accédez au Navigateur de matériaux pour sélectionner des matériaux pour les sols, les murs et les plafonds.

Appliquez des matériaux différents pour distinguer visuellement les espaces ou pour répondre à des exigences fonctionnelles spécifiques.

3. Conception de la Cuisine et des Salles de Bain:

Placez les éléments de cuisine et de salle de bain en utilisant l'outil Famille de composants pour ajouter des armoires, des éviers, des douches, etc.

Organisez ces éléments de manière à optimiser l'espace et la fonctionnalité, en respectant les principes de design comme le triangle d'activité dans la cuisine.

4. Éclairage et Ventilation:

Planifiez l'emplacement des fenêtres et des portes pour maximiser la lumière naturelle et la ventilation croisée.

Utilisez l'outil Élément d'éclairage pour ajouter un éclairage artificiel, en veillant à créer une ambiance accueillante et à éclairer adéquatement chaque espace.

5. Aménagement de l'Espace de Vie:

Réfléchissez à l'agencement des meubles et à la décoration intérieure pour chaque pièce, en utilisant l'outil Composant pour placer des éléments tels que des canapés, des tables, et des étagères.

Assurez-vous que l'agencement favorise une circulation aisée et répond aux besoins des occupants.

6. Révision et Ajustement du Design:

Examinez régulièrement votre conception dans les vues 3D et 2D pour évaluer l'esthétique et la fonctionnalité de l'agencement.

Faites des ajustements au besoin, en expérimentant avec différentes configurations jusqu'à atteindre l'équilibre désiré entre forme et fonction.

7. Visualisation et Partage:

Créez des rendus de haute qualité de vos espaces intérieurs pour visualiser le résultat final et pour partager votre conception avec d'autres, recueillant ainsi des commentaires et des suggestions.

Dans le Chapitre 3, Alex approfondit sa compréhension du design et de l'agencement intérieur, affinant son projet pour créer une maison qui est non seulement fonctionnelle mais aussi esthétiquement plaisante. Ce processus met en lumière l'importance d'une planification minutieuse et d'une exploration créative dans la conception architecturale avec Revit.

Chapitre 4: Plongée dans les Détails

Partie narrative:

Après avoir établi l'agencement et le design de base de sa maison, Alex se lance dans le prochain défi de son aventure avec Revit : la phase de détail. Le Chapitre 4 est une immersion profonde dans les finitions intérieures, les éléments de décoration, et l'aménagement paysager qui donneront vie à son projet.

Par une matinée brumeuse, Alex s'assoit devant son bureau, l'esprit foisonnant d'idées. Il sait que les détails peuvent transformer une structure ordinaire en un espace extraordinaire. C'est le moment de peaufiner, de personnaliser et de donner une âme à la maison.

Il commence par les finitions intérieures. Revit ouvert, il parcourt minutieusement la bibliothèque de matériaux, choisissant avec soin les textures et les couleurs qui habilleront les murs, les sols et les plafonds. Chaque sélection est le reflet d'une intention, d'un désir de créer une atmosphère accueillante et chaleureuse.

Puis, c'est au tour de la décoration. Alex explore les options de mobilier, cherchant les pièces parfaites qui compléteront chaque chambre. Il place soigneusement canapés, lits, tables, et étagères, veillant à ce que chaque élément soit en harmonie avec l'espace. Il joue avec l'éclairage, ajoutant des lampes et des spots pour mettre en valeur les points forts de chaque pièce.

Mais Alex ne s'arrête pas aux intérieurs. Il se tourne vers l'extérieur, décidé à concevoir un espace vert qui entoure la maison d'une touche de nature. Utilisant les outils de modélisation de terrain de Revit, il crée des jardins, trace des allées, et place des arbres et des buissons. Chaque ajout est une pinceau sur la toile de son projet, apportant couleur et vie.

Tout au long de ce processus, Alex fait face à des défis. Certains matériaux ne se rendent pas comme il l'avait espéré, certains meubles ne s'adaptent pas parfaitement à l'espace prévu. Mais pour chaque obstacle, il trouve une solution, apprenant et s'adaptant, poussé par sa passion et sa détermination.

En fin de journée, Alex prend un moment pour contempler son travail. Les vues 3D de Revit devant lui sont vibrantes, presque tangibles. La maison, autrefois un simple concept, est désormais riche de détails et d'histoire, prête à accueillir la vie.

Le Chapitre 4 de "Au Cœur de Revit : Rêves d'Architecte" illustre l'importance cruciale des détails dans la conception architecturale. Pour Alex, cette immersion dans les finitions et l'aménagement est une révélation, une compréhension profonde que l'architecture, dans sa forme la plus pure, est l'art de donner vie aux espaces.

Partie Instructions:

Dans le Chapitre 4, Alex se concentre sur l'enrichissement de son projet Revit avec des détails intérieurs et extérieurs pour transformer une structure de base en un espace habitable et accueillant. Voici comment procéder pour ajouter ces détails essentiels.

1. Sélectionner les Matériaux et les Finishes:

Utilisez le Navigateur de matériaux pour choisir des textures et des couleurs pour les murs, les sols et les plafonds. Appliquez ces matériaux pour créer des espaces visuellement cohérents et attrayants.

2. Ajouter du Mobilier et des Éléments de Décoration:

Placez des éléments de mobilier en utilisant la bibliothèque de composants de Revit. Sélectionnez des pièces qui correspondent à la fonction et à l'esthétique de chaque pièce.

N'oubliez pas d'ajouter des éléments décoratifs comme des tableaux, des plantes, ou des tapis pour personnaliser l'espace.

3. Concevoir l'Éclairage Intérieur:

Planifiez soigneusement l'éclairage artificiel en plaçant des luminaires pour compléter la lumière naturelle. Utilisez différentes sources lumineuses (spots, lampes suspendues, etc.) pour créer l'ambiance souhaitée dans chaque espace.

4. Aménager l'Espace Extérieur:

Utilisez les outils de modélisation de site pour dessiner des jardins, des allées et d'autres éléments paysagers. Intégrez des végétaux à partir de la bibliothèque de Revit pour ajouter de la verdure et de la vie à l'extérieur de la maison.

5. Résoudre les Problèmes de Conception:

Face à des problèmes comme des matériaux qui ne rendent pas bien ou des meubles mal adaptés, n'hésitez pas à expérimenter avec différentes options ou à ajuster les dimensions et placements pour trouver la meilleure solution.

6. Vérification et Ajustement des Détails:

Passez en revue votre projet sous différents angles et à différentes échelles. Assurez-vous que chaque détail contribue à l'harmonie générale et à l'efficacité de l'espace.

7. Utilisation des Vues 3D pour la Révision:

Explorez votre projet en 3D pour avoir une meilleure idée de l'aspect final. Les vues 3D sont particulièrement utiles pour apprécier l'impact des matériaux, du mobilier et de l'éclairage.

8. Finalisation et Présentation du Projet:

Une fois que vous êtes satisfait des détails, préparez une série de rendus de haute qualité pour présenter votre projet. Ces images mettront en valeur le travail accompli et les choix de design.

Dans le Chapitre 4 de "Au Cœur de Revit : Rêves d'Architecte," Alex découvre que l'attention portée aux détails peut transformer profondément un espace. Ce chapitre guide les utilisateurs à travers les étapes nécessaires pour peaufiner leur projet Revit, en mettant l'accent sur l'importance de la finition et de la personnalisation dans la conception architecturale.

Chapitre 5: Compréhension des Structures

Partie narrative:

Avec l'achèvement des détails intérieurs et extérieurs, Alex se tourna vers une nouvelle étape cruciale dans son projet Revit : intégrer et comprendre les éléments structuraux de la maison. Le Chapitre 5 marquait l'intersection entre l'art architectural et la rigueur de l'ingénierie, une phase où chaque choix avait des implications directes sur la solidité et la durabilité de la structure.

Un matin frais d'automne, Alex s'assit avec un sentiment renouvelé de responsabilité. Il savait que pour que sa conception devienne réalité, elle devait non seulement être esthétiquement plaisante mais aussi structurellement solide. Il commença par examiner les murs porteurs, les poutres et les colonnes, s'assurant qu'ils étaient correctement alignés et dimensionnés pour supporter les charges de la maison.

Utilisant les outils structuraux de Revit, Alex plaça méticuleusement chaque élément structural. Il prit en compte les charges verticales et horizontales, calculant avec précision où et comment les forces seraient transférées à travers la structure. C'était un puzzle complexe, mais Alex était déterminé à le résoudre, conscient que la sécurité et le confort des futurs occupants en dépendaient.

Le défi le plus significatif fut la conception du système de toiture. Alex voulait une toiture à la fois belle et fonctionnelle, capable de résister aux intempéries tout en contribuant à l'esthétique générale de la maison. Il expérimenta avec différents types et formes de toits dans Revit, ajustant les pentes et les matériaux jusqu'à trouver la solution parfaite.

À mesure qu'il progressait, Alex se familiarisait de plus en plus avec les nuances de la conception structurelle. Il apprit à utiliser les vues en coupe et les analyses structurales de Revit pour visualiser comment la structure réagirait sous différents scénarios, un aspect de la modélisation qui le fascinait particulièrement.

Après des jours de travail acharné, Alex fit un pas en arrière pour admirer son œuvre. La structure de la maison, avec ses fondations solides et son cadre robuste, était une véritable incarnation de son engagement envers l'excellence en design et en ingénierie. Il réalisa que cette phase du projet était plus qu'une simple tâche; c'était une leçon sur l'importance de la fonctionnalité et de la sécurité dans l'architecture.

Le Chapitre 5 de "Au Cœur de Revit : Rêves d'Architecte" souligne l'importance des éléments structuraux dans la conception architecturale. Pour Alex, cette exploration des aspects structurels n'était pas seulement un défi technique; c'était une affirmation de sa capacité à créer des espaces non seulement beaux mais aussi sécurisés et durables.

Partie Instructions:

Dans le Chapitre 5, Alex aborde l'intégration des éléments structuraux essentiels dans son projet Revit, une étape cruciale pour assurer la solidité et la sécurité de la construction. Voici comment procéder pour incorporer efficacement la structure dans votre design.

1. Analyse de la Structure Portante:

Identifiez les murs porteurs et les éléments structurels clés de votre design. Utilisez l'outil Mur Structurel de Revit pour les définir, en spécifiant les matériaux et les dimensions appropriés.

2. Placement des Colonnes et des Poutres:

Sélectionnez l'outil Colonne Structurelle ou Poutre sous l'onglet Structure pour ajouter des colonnes et des poutres à votre projet. Positionnez-les stratégiquement pour supporter les charges verticales et fournir un soutien adéquat à l'ensemble de la structure.

3. Conception du Système de Toiture:

Utilisez l'outil Toit pour créer la structure de votre toit. Expérimentez avec différents types et formes pour trouver une solution qui combine esthétique et fonctionnalité. Assurez-vous que la toiture est correctement intégrée et soutenue par le reste de la structure.

4. Utilisation des Vues en Coupe et en Élévation:

Générez des vues en coupe et en élévation pour examiner de près les détails structurels. Ces vues vous aideront à mieux comprendre comment les différentes parties de la structure s'articulent et interagissent.

5. Analyse Structurelle:

Bien que Revit ne remplace pas un logiciel d'analyse structurelle spécialisé, utilisez ses outils pour effectuer des vérifications de base et visualiser les charges. Assurez-vous que votre conception respecte les principes fondamentaux de l'ingénierie structurelle.

6. Sélection des Matériaux Structurels:

Choisissez soigneusement les matériaux pour chaque élément structurel, en tenant compte de leur résistance, durabilité et de leur comportement sous charge. Revit offre une vaste bibliothèque de matériaux que vous pouvez personnaliser selon les besoins de votre projet.

7. Révision et Optimisation de la Structure:

Revoyez régulièrement votre conception structurelle pour identifier les zones qui pourraient être optimisées ou renforcées. L'objectif est de créer une structure efficiente qui répond aux besoins architecturaux sans surdimensionner les éléments.

8. Documentation et Détails de Construction:

Préparez des plans de détail et des documents de construction précis pour les éléments structurels. Ces documents sont essentiels pour la phase de construction et doivent clairement communiquer les spécifications et les dimensions aux équipes de construction.

Dans le Chapitre 5 de "Au Cœur de Revit : Rêves d'Architecte," Alex découvre la complexité et l'importance de la conception structurelle dans le processus de création architecturale. Ce chapitre guide les utilisateurs à travers les étapes nécessaires pour intégrer avec succès la structure dans leurs projets Revit, soulignant l'équilibre entre esthétique et ingénierie.

Chapitre 6: Systèmes et MEP

Partie narrative:

Après avoir solidement établi la structure de sa maison, Alex se prépare à relever un nouveau défi dans le Chapitre 6 : intégrer les systèmes mécaniques, électriques et de plomberie (MEP) dans son projet Revit. Cette étape est cruciale pour transformer la maison, non seulement en un espace esthétiquement agréable mais aussi fonctionnel et vivable.

Un matin d'hiver, Alex s'installe devant son ordinateur, déterminé à maîtriser les intrications des systèmes MEP. Il comprend que chaque composant, du chauffage à l'éclairage, joue un rôle vital dans le confort et la sécurité des futurs occupants.

Il commence par le système de chauffage, ventilation et climatisation (HVAC). Avec attention, il trace les conduits, place les unités de ventilation et configure les sorties d'air, en veillant à ce que la distribution de l'air soit optimale dans chaque pièce. Alex utilise les outils de Revit pour simuler le flux d'air, s'assurant que la maison reste confortable en toutes saisons.

Ensuite, il se concentre sur l'électricité. Alex planifie méticuleusement l'emplacement des prises, des interrupteurs et de l'éclairage, en tenant compte de la praticité et de l'esthétique. Chaque fil est soigneusement tracé pour connecter les appareils électriques aux panneaux de distribution, en évitant toute surcharge.

La plomberie est le dernier grand système à intégrer. Alex dessine les tuyaux avec précision, connectant chaque sanitaire à l'alimentation en eau et au système d'évacuation. Il prend en compte les pentes nécessaires pour le bon écoulement et s'assure que l'accès pour la maintenance future est possible.

Tout au long de ce processus, Alex est confronté à des défis : des conduits qui se croisent, des restrictions d'espace pour les tuyaux, et la nécessité de respecter les normes et réglementations en vigueur. Chaque problème requiert une solution créative, l'obligeant à réviser et à optimiser son design.

En fin de compte, le travail acharné d'Alex porte ses fruits. Les systèmes MEP de la maison sont non seulement fonctionnels mais aussi intégrés de manière élégante dans l'ensemble architectural. Il réalise à quel point ces systèmes sont interconnectés, non seulement entre eux mais aussi avec la structure et l'architecture de la maison.

Le Chapitre 6 de "Au Cœur de Revit : Rêves d'Architecte" met en lumière l'importance des systèmes MEP dans la conception architecturale. Pour Alex, cette étape est une révélation sur la complexité de rendre une maison vivable, alliant technicité et esthétique.

Partie Instructions:

Dans le Chapitre 6, Alex intègre les systèmes Mécaniques, Électriques, et de Plomberie (MEP) dans son projet Revit. Voici les étapes essentielles pour ajouter ces systèmes cruciaux à votre design architectural.

1. Planification du Système HVAC:

Conduits et Ventilation: Utilisez l'outil Conduit pour dessiner le réseau de ventilation. Assurez-vous de placer les bouches d'air et les unités HVAC de manière stratégique pour une circulation d'air optimale.

Analyse de Flux d'Air: Profitez des fonctionnalités d'analyse de Revit pour simuler le flux d'air et ajuster votre conception en conséquence.

2. Installation Électrique:

Câblage: Tracez les chemins des câbles électriques en utilisant l'outil Câble. Planifiez l'emplacement des prises et des interrupteurs pour qu'ils soient accessibles et fonctionnels.

Éclairage: Placez les luminaires en prenant en compte à la fois l'esthétique et l'efficacité énergétique. Utilisez différents types d'éclairage pour créer l'ambiance souhaitée dans chaque espace.

3. Système de Plomberie:

Tuyauterie: Dessinez le réseau de tuyauterie pour l'alimentation en eau et l'évacuation. Veillez à respecter les normes pour les pentes et les distances de sécurité.

Sanitaires: Placez tous les éléments sanitaires (lavabos, toilettes, douches) et connectez-les au réseau de tuyauterie.

4. Coordination et Vérification des Interférences:

Utilisez l'outil de vérification des interférences de Revit pour détecter et résoudre les conflits entre les différents systèmes MEP et la structure architecturale. Cela permet d'éviter les problèmes lors de la construction.

5. Respect des Normes et Réglementations:

Assurez-vous que votre conception MEP respecte les codes du bâtiment locaux et les normes de sécurité. Cela inclut les distances minimales, les dimensions des conduits, et les capacités des systèmes.

6. Documentation et Détails:

Préparez des plans détaillés et des schémas pour chaque système MEP. Ces documents doivent inclure toutes les spécifications nécessaires pour la mise en œuvre et la maintenance.

7. Révision et Optimisation:

Examinez régulièrement votre conception MEP pour identifier les opportunités d'optimisation, que ce soit pour l'efficacité énergétique, la facilité de maintenance, ou l'esthétique.

8. Collaboration Interdisciplinaire:

Travaillez en étroite collaboration avec des spécialistes MEP pour valider et affiner votre conception. Leur expertise peut vous aider à anticiper et à résoudre les problèmes techniques.

Le Chapitre 6 de "Au Cœur de Revit : Rêves d'Architecte" guide Alex à travers le processus complexe d'intégration des systèmes MEP, soulignant l'importance d'une planification minutieuse et d'une coordination efficace pour réussir la réalisation d'un projet architectural fonctionnel et conforme aux normes.

Chapitre 7: Visualisation et Rendu

Partie narrative:

Fort des systèmes MEP intégrés dans son projet, Alex se lance maintenant dans l'une des phases les plus gratifiantes de son aventure avec Revit : la visualisation et le rendu. Le Chapitre 7 est le moment où sa vision architecturale prend réellement vie, où ses idées et ses efforts se matérialisent en images saisissantes.

Par une après-midi ensoleillée, Alex s'assoit devant son écran, prêt à transformer son modèle 3D en une série de rendus réalistes. Il sait que cette étape est cruciale pour communiquer efficacement son projet, pour le présenter à des clients potentiels, ou même pour le soumettre à des concours d'architecture.

Il commence par peaufiner les matériaux et l'éclairage. Alex ajuste méticuleusement les textures des murs, des sols et des toitures pour qu'elles soient aussi réalistes que possible. Il joue avec les sources lumineuses, cherchant à capturer l'ambiance parfaite, celle qui mettrait en valeur l'architecture et l'intérieur de la maison sous leur meilleur jour.

Ensuite, Alex explore les options de rendu de Revit. Il sélectionne différents points de vue, du panorama extérieur aux vues intimes des espaces de vie. Pour chaque vue, il ajuste les paramètres de rendu, choisissant avec soin la qualité et la résolution, ainsi que les effets d'éclairage et d'ombres.

Le processus de rendu est à la fois excitant et nerveux. Chaque image commence comme un croquis vague et se transforme progressivement en une représentation détaillée et colorée. Alex regarde les rendus prendre forme, voyant sa vision se concrétiser sous ses yeux.

Parmi les défis rencontrés, ajuster l'éclairage naturel pour les différentes heures de la journée est particulièrement délicat. Alex veut montrer comment la lumière du soleil baigne les pièces à différents moments, créant une ambiance chaleureuse et accueillante. Après plusieurs essais, il parvient à capturer l'effet désiré, donnant vie à chaque espace.

Lorsqu'il termine le dernier rendu, une vue du salon au coucher du soleil, Alex ressent un mélange de fierté et d'émerveillement. Ses rendus ne sont pas seulement la représentation d'une maison ; ils racontent une histoire, celle d'un espace conçu pour être habité, aimé et apprécié.

Le Chapitre 7 de "Au Cœur de Revit : Rêves d'Architecte" met en lumière l'importance de la visualisation et du rendu dans le processus de conception architecturale. Pour Alex, c'est une révélation de la puissance de Revit non seulement comme outil de modélisation mais aussi comme moyen d'expression artistique, permettant de partager sa vision avec le monde.

Partie Instructions:

Dans le Chapitre 7, Alex s'aventure dans la phase de visualisation et de rendu de son projet Revit, transformant ses modèles 3D en images réalistes. Voici les étapes pour réaliser des rendus impressionnants dans Revit.

1. Préparation des Matériaux et de l'Éclairage:

Assurez-vous que tous les matériaux appliqués dans votre projet sont réalistes. Utilisez le Navigateur de matériaux pour ajuster textures, réflexions, et transparences.

Configurez soigneusement l'éclairage intérieur et extérieur. Utilisez les sources lumineuses artificielles et naturelles pour créer l'ambiance souhaitée dans chaque espace.

2. Sélection des Points de Vue:

Créez des vues 3D spécifiques pour le rendu. Positionnez la caméra pour capturer les meilleures perspectives de votre projet.

Considérez des vues variées : des vues d'ensemble pour montrer la conception complète et des vues rapprochées pour mettre en avant des détails architecturaux.

3. Ajustement des Paramètres de Rendu:

Accédez aux options de rendu pour sélectionner la qualité et la résolution désirées. Les rendus de haute qualité sont plus détaillés mais prennent plus de temps à générer.

Ajustez les paramètres d'environnement, comme l'heure de la journée et les conditions météorologiques, pour simuler différents effets de lumière et d'ombre.

4. Lancement du Rendu:

Une fois que tout est configuré, lancez le processus de rendu. Revit peut générer des rendus localement ou utiliser le rendu dans le cloud pour des options plus avancées.

Soyez patient pendant le processus de rendu. Cela peut prendre du temps, surtout pour les rendus de haute qualité.

5. Révision et Ajustement:

Examinez vos images rendues pour évaluer l'éclairage, les matériaux, et la composition générale.

N'hésitez pas à faire des ajustements et à relancer des rendus si nécessaire. La recherche de la perfection peut nécessiter plusieurs itérations.

6. Présentation et Partage:

Utilisez les rendus finaux pour présenter votre projet. Ils peuvent être incorporés dans des présentations, des portfolios, ou partagés sur des réseaux professionnels et sociaux.

Les images de haute qualité sont des outils puissants pour communiquer votre vision architecturale à un public plus large.

Le Chapitre 7 guide Alex dans le processus de création de rendus réalistes, soulignant l'importance de la visualisation dans la présentation et la communication d'un projet architectural. Cette étape finale permet de concrétiser et de partager la beauté et la fonctionnalité de sa conception avec le monde extérieur.

Chapitre 8: Collaboration et Coordination

Partie narrative:

Forts de ses succès en visualisation et en rendu, Alex s'aventure désormais dans une phase essentielle de tout projet architectural dans Revit : la collaboration et la coordination. Le Chapitre 8 met en lumière l'importance de travailler efficacement avec une équipe multidisciplinaire, un défi que Alex est prêt à relever.

L'aventure commence un lundi matin, alors qu'Alex organise une réunion virtuelle avec des consultants en structure, en MEP (mécanique, électricité, plomberie), et avec des paysagistes. Grâce à Revit et à ses capacités de collaboration BIM (Building Information Modeling), chaque spécialiste peut apporter son expertise au projet d'Alex, enrichissant la conception avec des connaissances spécifiques à chaque domaine.

La première étape est de mettre en place un modèle centralisé dans Revit, accessible à tous les membres de l'équipe. Alex configure les droits d'accès et les worksets, permettant ainsi à chacun de travailler sur des aspects spécifiques du projet sans interférer avec le travail des autres. Cette organisation s'avère cruciale pour maintenir l'intégrité du modèle et pour faciliter les mises à jour synchronisées.

Au fur et à mesure que le projet avance, Alex découvre la puissance des outils de coordination de Revit. L'outil de vérification des interférences, en particulier, devient son allié, lui permettant d'identifier et de résoudre les conflits entre les différents systèmes avant qu'ils ne deviennent des problèmes coûteux sur le chantier.

Cependant, la collaboration n'est pas sans défis. Des questions de communication surgissent, des modifications doivent être négociées et des compromis trouvés. Alex apprend rapidement l'importance d'une communication claire et régulière, organisant des réunions de coordination hebdomadaires pour discuter des avancements et des obstacles.

Le point culminant du chapitre survient lorsqu'Alex et son équipe parviennent à finaliser le modèle intégré. Le sentiment d'accomplissement est palpable. Non seulement ils ont réussi à créer un design cohérent et bien coordonné, mais ils ont aussi établi un processus de travail collaboratif efficace.

Le Chapitre 8 de "Au Cœur de Revit : Rêves d'Architecte" enseigne à Alex et aux lecteurs une leçon précieuse sur la collaboration dans le monde de la conception architecturale moderne. Il illustre que, bien que Revit soit un outil puissant pour les architectes, c'est la capacité à travailler ensemble, en partageant connaissances et idées, qui transforme un bon projet en un projet exceptionnel.

Partie Instructions:

Le Chapitre 8 guide Alex et les lecteurs à travers le processus de collaboration et de coordination d'un projet dans Revit, soulignant l'importance d'une approche intégrée dans la conception architecturale moderne.

1. Établir un Modèle Centralisé:

Créez un modèle Revit centralisé pour permettre à tous les membres de l'équipe d'accéder et de travailler simultanément sur le projet.

Utilisez la fonctionnalité de worksets de Revit pour organiser le projet en différentes parties, permettant ainsi à chaque spécialiste de se concentrer sur son domaine sans interférer avec le travail des autres.

2. Gestion des Droits d'Accès:

Configurez soigneusement les droits d'accès pour contrôler qui peut modifier certaines parties du modèle. Cela aide à prévenir les modifications non autorisées et assure la cohérence du projet.

3. Utilisation des Outils de Coordination:

Profitez des outils de coordination de Revit, comme la vérification des interférences, pour identifier et résoudre les conflits entre les différents systèmes architecturaux, structurels, et MEP.

Organisez des réunions de coordination régulières pour discuter des découvertes et pour planifier les résolutions nécessaires.

4. Partage et Révision des Modèles:

Partagez régulièrement le modèle centralisé avec tous les intervenants pour révision. Utilisez des plateformes collaboratives comme Autodesk BIM 360 pour faciliter le partage et la révision en temps réel.

Encouragez les retours et les suggestions pour améliorer continuellement le design et la fonctionnalité du projet.

5. Communication Efficace:

Maintenez une communication claire et efficace au sein de l'équipe. Utilisez des outils de communication comme les emails, les messageries instantanées, et les visioconférences pour rester connecté et informé.

Documentez toutes les décisions importantes et les modifications apportées au projet pour garder une trace claire du processus de conception.

6. Documentation et Archivage:

Assurez-vous que toute la documentation du projet, y compris les dessins, les spécifications, et les rapports de coordination, soit à jour et accessible à tous les membres de l'équipe.

Archivez régulièrement les versions du modèle pour pouvoir revenir à des étapes antérieures si nécessaire.

7. Réflexion et Amélioration Continue:

Après la finalisation du projet, prenez le temps de réfléchir sur le processus de collaboration. Identifiez les succès et les domaines d'amélioration pour les projets futurs.

Considérez la mise en place d'une session de retour d'expérience avec l'équipe pour partager les leçons apprises et les meilleures pratiques.

Le Chapitre 8 enseigne qu'une collaboration et coordination efficaces sont essentielles pour la réussite d'un projet architectural complexe. En suivant ces instructions, Alex et les lecteurs apprennent à naviguer dans les défis de la conception collaborative, en utilisant Revit comme un puissant outil d'intégration et de gestion de projet.

Chapitre 9: Techniques de Modélisation Avancées

Partie narrative:

Après avoir maîtrisé les bases de la collaboration et de la coordination dans Revit, Alex se sent prêt à explorer des horizons encore plus vastes. Le Chapitre 9 l'emmène dans le monde des techniques de modélisation avancées, où il va pousser les limites de sa créativité et de son expertise technique.

C'est par une matinée chargée d'énergie que Alex débute cette nouvelle aventure. Devant lui, l'écran de son ordinateur s'allume, révélant le projet sur lequel il a tant travaillé. Aujourd'hui, il ne s'agit plus seulement de construire des murs ou de placer des fenêtres. Aujourd'hui, il va transformer l'ordinaire en extraordinaire.

La première tâche que Alex s'assigne est de créer une façade personnalisée qui non seulement répond aux besoins fonctionnels du bâtiment mais qui est également une œuvre d'art. Il explore les fonctionnalités avancées de Revit, telles que la modélisation conceptuelle et les familles paramétriques, pour concevoir des éléments uniques qui captureront l'essence de sa vision architecturale.

En manipulant les outils de forme libre, Alex donne vie à des formes complexes et fluides, des éléments qui semblaient auparavant hors de portée. Il s'immerge dans le processus, chaque clic le rapprochant de son objectif. Les courbes et les contre-courbes de la façade prennent forme, reflétant le mouvement et la dynamique qu'il souhaite insuffler à son projet.

Mais avec la complexité vient le défi. Alex se heurte à des obstacles techniques, des moments où la logique du logiciel semble aller à l'encontre de sa vision créative. Chaque problème requiert une solution innovante, un ajustement des paramètres ici, une modification de la géométrie là. C'est un jeu d'équilibre délicat entre les possibilités infinies de la création et les contraintes techniques de la modélisation.

Malgré les difficultés, ou peut-être grâce à elles, Alex découvre une nouvelle profondeur dans sa passion pour l'architecture. Il réalise que Revit n'est pas seulement un outil pour construire des modèles, mais un compagnon dans le processus créatif, offrant un espace où l'imagination peut s'épanouir sans limites.

À la fin du chapitre, Alex contemple son œuvre. La façade avant lui n'est pas seulement une partie du bâtiment ; c'est une déclaration, une manifestation de son engagement envers l'excellence en design. Ce voyage à travers les techniques de modélisation avancées lui a non seulement permis de développer ses compétences dans Revit, mais il a aussi renforcé sa conviction que l'architecture est une forme d'art vivant.

Le Chapitre 9 de "Au Cœur de Revit : Rêves d'Architecte" est une célébration de la convergence entre technologie et créativité. Pour Alex, c'est la preuve que, armé des bons outils et d'une volonté de repousser les frontières, il n'y a pas de limite à ce qui peut être conçu et construit.

Partie Instructions:

Dans le Chapitre 9, Alex se lance dans l'exploration de techniques de modélisation avancées dans Revit, repoussant les limites de sa créativité et de son expertise technique. Voici comment vous pouvez également exploiter ces méthodes pour enrichir vos projets architecturaux.

1. Utiliser la Modélisation Conceptuelle:

Accédez à l'espace de travail Modélisation Conceptuelle pour créer des formes libres et complexes. Commencez par esquisser des formes dans l'environnement de conception conceptuelle, puis affinez-les pour créer des structures détaillées.

Expérimentez avec les outils de point, de ligne, de plan et de surface pour développer des géométries uniques.

2. Créer des Familles Paramétriques:

Apprenez à créer des familles paramétriques personnalisées pour concevoir des composants spécifiques au projet qui peuvent être réutilisés et ajustés selon les besoins.

Définissez des paramètres pour contrôler les dimensions et les comportements des éléments, permettant une grande flexibilité dans la conception.

3. Exploiter les Formes Libres:

Utilisez l'outil Forme Libre pour modeler des éléments architecturaux qui ne sont pas facilement réalisables avec les méthodes de modélisation standard. Cet outil est particulièrement utile pour créer des façades dynamiques et des éléments sculpturaux.

4. Appliquer des Matériaux Avancés:

Sélectionnez et personnalisez des matériaux avancés pour vos modèles conceptuels. Jouez avec les propriétés des matériaux, comme la transparence, la réflexion, et la texture, pour obtenir l'effet visuel désiré.

5. Intégration des Données BIM:

Assurez-vous que vos éléments de modélisation avancés contiennent des informations BIM pertinentes. Cela inclut des données sur les matériaux, les coûts, et les performances énergétiques, garantissant que la conception est à la fois belle et fonctionnelle.

6. Résolution des Problèmes Techniques:

Face à des défis techniques, utilisez les ressources disponibles comme l'aide en ligne de Revit, les forums communautaires, et les tutoriels vidéo pour trouver des solutions. N'hésitez pas à expérimenter et à tester différentes approches.

7. Visualisation et Rendu de Modèles Complexes:

Après avoir créé des éléments de modélisation avancés, utilisez les fonctionnalités de rendu de Revit pour visualiser le projet final. Ajustez les paramètres de rendu pour mettre en valeur les détails complexes et les matériaux sophistiqués.

8. Collaboration et Partage:

Partagez vos modèles avancés avec l'équipe de projet et d'autres intervenants pour obtenir des retours. Utilisez les fonctionnalités de collaboration de Revit pour intégrer efficacement vos conceptions dans le modèle de projet global.

Le Chapitre 9 de "Au Cœur de Revit : Rêves d'Architecte" encourage à explorer au-delà des limites conventionnelles de la modélisation, en utilisant Revit comme un outil pour concrétiser les visions architecturales les plus ambitieuses. Ces techniques avancées ouvrent de nouvelles avenues de créativité et d'innovation dans la conception architecturale.

Chapitre 10: Le Projet Final – De la Conception à la Réalité

Partie narrative:

Avec l'exploration par Alex des techniques de modélisation avancées aboutissant à une conception richement détaillée et techniquement sophistiquée, il aborde le Chapitre 10, le moment pivot où son projet passe du concept à la réalité. Ce chapitre concerne la finalisation de son chef-d'œuvre architectural, la résolution des derniers défis et la préparation des étapes suivantes au-delà du domaine numérique.

La lumière matinale filtre à travers les fenêtres de l'espace de travail d'Alex, jetant une lueur douce sur le modèle Revit complexe affiché sur son écran. Il prend un moment pour réfléchir à son parcours, des esquisses initiales à la conception complexe et stratifiée qui existe maintenant. C'est un témoignage de son dévouement, de son habileté et des puissantes capacités de Revit en tant qu'outil pour donner vie aux rêves architecturaux.

Finalisation de la Conception

Alex commence par examiner méticuleusement chaque aspect de son projet. Il vérifie l'alignement des éléments structurels, l'efficacité des systèmes MEP et l'harmonie de l'esthétique architecturale. Chaque clic et ajustement le rapproche de la complétion d'une conception qui est non seulement belle, mais aussi fonctionnelle et durable.

Affronter les Derniers Défis

Malgré l'excitation de se rapprocher de la fin, Alex rencontre quelques défis de dernière minute. Une analyse structurelle révèle un petit problème de distribution de charge dans une section de la conception. S'appuyant sur sa connaissance désormais étendue de Revit, Alex trouve rapidement une solution, ajustant l'emplacement d'une poutre porteuse sans compromettre l'intégrité de la conception.

Préparation pour la Construction

Avec le modèle numérique finalisé, Alex se tourne vers la préparation de la phase de construction. Il génère des documents de construction détaillés directement à partir de Revit, s'assurant que chaque spécification et mesure est précisément communiquée. Il crée également une série de rendus de haute qualité pour présenter aux clients potentiels et aux parties prenantes, mettant en avant le design innovant et la fonctionnalité du projet.

Réflexion et Perspectives

Alors qu'il conclut ce chapitre de son voyage, Alex prend le temps de réfléchir sur les compétences qu'il a affinées et les défis qu'il a surmontés. Le projet a été une expérience d'apprentissage profonde, le poussant à explorer de nouvelles frontières dans le design et la technologie. Il ressent un sentiment d'accomplissement mais reconnaît également que ceci n'est que le début d'un voyage à vie dans l'architecture.

Un Nouveau Départ

Avec son projet désormais prêt à passer du numérique au physique, Alex ressent un mélange d'anticipation et de fierté. Il est impatient de voir sa vision réalisée en briques et en mortier, de se tenir dans les espaces qu'il a si soigneusement conçus dans Revit. Pourtant, il sait que chaque nouveau projet apportera son propre ensemble de défis et d'opportunités pour la croissance.

Le Chapitre 10 n'est pas seulement la conclusion du projet actuel d'Alex mais aussi un tremplin pour les entreprises futures. Il représente le cycle continu d'apprentissage, de création et d'innovation qui définit la vie d'un architecte. Alors que le chapitre se termine, Alex regarde déjà vers l'avant, prêt à appliquer ses connaissances et compétences élargies à de nouveaux défis, armé de Revit et d'une passion pour rendre l'imaginé réel.

Partie Instructions:

Dans le Chapitre 10, Alex finalise son projet architectural dans Revit, le préparant pour la phase de construction et au-delà. Voici les étapes clés pour conclure un projet avec succès et envisager les étapes suivantes.

1. Révision Finale du Projet:

Effectuez une dernière révision complète de votre modèle Revit. Vérifiez la cohérence des données, l'exactitude des dimensions, et l'intégrité des systèmes MEP et structurels.

Utilisez les outils de vérification des interférences pour vous assurer qu'il n'y a pas de conflits entre les différents éléments du projet.

2. Préparation des Documents de Construction:

Générez les dessins de construction, les plans de détail, et les nomenclatures directement à partir de votre modèle Revit. Assurez-vous que ces documents respectent les normes de l'industrie et les exigences réglementaires.

Organisez les documents de manière logique et claire pour faciliter leur utilisation par les équipes de construction.

3. Réalisation de Rendus de Haute Qualité:

Produisez des rendus finaux de haute qualité pour présenter le projet sous son meilleur jour. Ces images serviront à la communication avec les clients, les consultants, et comme support de marketing.

Ajustez les paramètres de rendu pour obtenir le niveau de détail et l'éclairage désirés, en mettant en valeur les caractéristiques uniques du projet.

4. Préparation pour la Construction:

Transmettez les documents de construction et les rendus aux parties prenantes concernées, y compris l'équipe de construction et les consultants.

Planifiez une réunion de démarrage avec tous les intervenants pour passer en revue le projet, discuter des échéanciers, et établir les lignes de communication.

5. Réflexion et Apprentissage:

Prenez le temps de réfléchir sur le projet terminé. Qu'avez-vous appris ? Quels défis avez-vous rencontrés et comment les avez-vous surmontés ?

Documentez vos réflexions et les leçons apprises pour améliorer vos pratiques sur les futurs projets.

6. Planification des Étapes Suivantes:

Considérez les prochaines étapes de votre carrière ou de votre parcours éducatif. Ce projet peut-il ouvrir de nouvelles opportunités ?

Engagez-vous dans des activités de formation continue pour rester à jour avec les dernières technologies et méthodologies en architecture et en conception assistée par ordinateur.

Le Chapitre 10 est le couronnement du voyage d'Alex dans "Au Cœur de Revit : Rêves d'Architecte", marquant la transition de la conception numérique à la réalisation physique. Ce chapitre souligne l'importance de la préparation minutieuse, de la réflexion critique et de la planification stratégique pour réussir dans le domaine de l'architecture et au-delà.

Chapitre 11: Affronter les Défis

Partie narrative:

Alors qu'Alex approche de la réalisation de son projet, le Chapitre 11 révèle une série de défis imprévus qui mettent à l'épreuve sa détermination et ses compétences acquises. C'est une période de croissance personnelle et professionnelle, où chaque obstacle devient une opportunité d'apprentissage.

Un matin, alors qu'Alex révise son projet pour la dernière fois avant la phase de construction, il découvre un problème majeur : les calculs de charge sur une partie critique de la structure ne sont pas conformes aux normes de sécurité. C'est un coup dur pour Alex, qui pensait avoir finalisé tous les aspects techniques de son design.

Plutôt que de se laisser abattre par cette révélation, Alex voit cela comme un défi à relever. Il plonge dans une recherche approfondie, consulte des forums en ligne, et sollicite l'avis d'experts en structure. Après plusieurs jours de travail acharné, il trouve une solution innovante qui renforce la structure sans compromettre l'esthétique de son projet.

Peu de temps après, un autre défi se présente : le client souhaite apporter des modifications significatives au design, demandant l'ajout d'un espace multifonctionnel qui n'était pas prévu dans le plan initial. Alex utilise ses compétences en Revit pour intégrer rapidement les nouvelles exigences, démontrant sa flexibilité et sa capacité à s'adapter aux besoins changeants du client.

Au fur et à mesure que ces défis se succèdent, Alex réalise l'importance de la communication efficace, non seulement avec les clients et les consultants, mais aussi au sein de l'équipe de projet. Il met en place des réunions hebdomadaires pour s'assurer que toutes les parties prenantes sont informées des progrès et des obstacles, facilitant ainsi une collaboration plus étroite et plus productive.

Le dernier obstacle survient lorsque des restrictions réglementaires inattendues menacent de retarder le début de la construction. Alex, déterminé à maintenir le projet sur les rails, navigue à travers la complexité des procédures d'approbation. Sa persévérance paie : il réussit à obtenir toutes les autorisations nécessaires, ouvrant la voie à la réalisation de son projet.

Le Chapitre 11 est un témoignage de la résilience d'Alex face aux défis. Chaque obstacle surmonté enrichit sa compréhension de l'architecture et renforce son expertise dans l'utilisation de Revit. C'est une période de croissance intense, marquant la transition d'Alex d'un novice à un professionnel compétent, prêt à affronter le monde de l'architecture avec confiance et créativité.

Partie Instructions :

Le Chapitre 11 plonge Alex dans la résolution de défis imprévus, un aspect crucial de tout projet architectural. Voici comment naviguer à travers les obstacles et tirer parti de ces expériences pour renforcer vos compétences dans Revit et en gestion de projet.

1. Analyse et Révision Technique:

Face à des problèmes techniques comme des erreurs de calcul de charge, utilisez les outils d'analyse structurelle de Revit pour réexaminer et ajuster votre conception. N'hésitez pas à consulter des experts ou des ressources en ligne pour des solutions.

2. Gestion des Modifications de Conception:

Lorsque des changements significatifs sont demandés, employez la flexibilité de Revit pour les intégrer efficacement. Utilisez les fonctionnalités de duplication et de modification pour ajuster rapidement le projet sans perdre les travaux précédemment réalisés.

3. Amélioration de la Communication:

Mettez en place des routines de communication claires et efficaces avec toutes les parties prenantes du projet. Organisez des réunions régulières et utilisez les outils collaboratifs de Revit pour partager les avancements et recueillir des feedbacks.

4. Navigation dans les Procédures Réglementaires:

Face à des restrictions ou des exigences réglementaires, soyez proactif. Préparez tous les documents et plans nécessaires et engagez un dialogue avec les autorités compétentes pour assurer une progression fluide du projet.

5. Réflexion et Apprentissage Continu:

Après avoir surmonté un défi, prenez le temps de réfléchir à l'expérience. Identifiez ce que vous avez appris et comment cela peut améliorer vos pratiques futures. Documentez ces leçons pour référence future.

6. Adaptabilité et Résilience:

Cultivez une attitude d'adaptabilité et de résilience. Acceptez que les défis fassent partie intégrante du processus de conception et voyez-les comme des opportunités de croissance professionnelle.

7. Utilisation des Ressources Disponibles:

Exploitez pleinement les ressources disponibles, qu'il s'agisse de forums en ligne, de tutoriels vidéo, ou du support technique de Revit. La communauté Revit est vaste et souvent prête à aider.

8. Préparation aux Étapes Suivantes:

Une fois les défis relevés, préparez-vous pour les étapes suivantes du projet. Que ce soit la construction, la présentation finale au client, ou la transition vers un nouveau projet, assurez-vous d'être organisé et prêt à avancer.

Le Chapitre 11 enseigne à Alex et aux lecteurs que, dans l'architecture comme dans la vie, les défis sont inévitables mais surmontables. Avec les bons outils, une approche méthodique, et une volonté d'apprendre, chaque obstacle devient une étape supplémentaire vers la réussite.

Chapitre 12 : Croissance Professionnelle et Aspirations Futures

Partie narrative:

Après avoir navigué à travers les défis et avoir appliqué avec succès les techniques avancées dans Revit, Alex se trouve à l'aube du Chapitre 12, une période de réflexion et de projection vers l'avenir. Ce chapitre marque la fin de son projet actuel mais ouvre également la porte à de nouvelles possibilités, soulignant l'importance de la croissance professionnelle continue et des aspirations futures.

Dans le calme de son bureau, avec son projet désormais complet devant lui, Alex prend un moment pour réfléchir à son parcours. Il reconnaît l'ampleur de ce qu'il a accompli, non seulement en termes de compétences techniques acquises mais aussi de maturité professionnelle. Chaque obstacle surmonté, chaque solution trouvée a contribué à son développement en tant qu'architecte.

Alex comprend que la fin de ce projet n'est que le début de sa carrière architecturale. Inspiré par les possibilités illimitées que Revit et les technologies de conception assistée par ordinateur offrent, il envisage déjà ses prochaines étapes. Il est déterminé à continuer à apprendre, à explorer et à innover, en se fixant pour objectif de contribuer de manière significative au domaine de l'architecture.

Exploration de Nouvelles Opportunités

Alex commence à explorer de nouvelles opportunités, que ce soit en participant à des concours d'architecture, en collaborant sur des projets plus grands ou en se spécialisant dans des domaines qui l'intéressent particulièrement, comme le design durable ou la technologie de construction intelligente. Il reconnaît l'importance de rester engagé avec la communauté architecturale, de partager ses connaissances et d'apprendre des autres.

Engagement envers l'Apprentissage Continu

Conscient que le monde de l'architecture et de la technologie évolue rapidement, Alex s'engage dans un processus d'apprentissage continu. Il s'inscrit à des ateliers, suit des cours en ligne et assiste à des conférences pour se tenir au courant des dernières tendances et innovations. Cet engagement envers l'éducation continue est pour lui la clé pour rester pertinent et compétitif dans son domaine.

Contribution à la Communauté

Alex est également motivé par le désir de redonner à la communauté. Il envisage de mentorat pour les jeunes architectes et étudiants, partageant avec eux les leçons qu'il a apprises et les inspirant à poursuivre leurs passions. Il reconnaît l'impact que le mentorat et le partage des connaissances peuvent avoir sur la prochaine génération de concepteurs.

Vision pour l'Avenir

Alors que le chapitre se termine, Alex est rempli d'un sentiment d'optimisme et d'anticipation pour l'avenir. Il voit devant lui un chemin rempli de défis, certes, mais aussi d'opportunités illimitées. Avec Revit comme outil clé dans son arsenal, il est prêt à façonner non seulement son avenir mais aussi l'avenir de l'architecture.

Le Chapitre 12 de "Au Cœur de Revit : Rêves d'Architecte" n'est pas seulement une conclusion mais un tremplin vers de nouvelles aventures. Pour Alex, la fin de ce projet symbolise le début d'un voyage passionnant, où la croissance professionnelle et les aspirations futures guideront ses pas vers la réalisation de ses rêves architecturaux.

Partie Instructions:

Dans le Chapitre 12, Alex se tourne vers l'avenir, envisageant son développement professionnel et ses objectifs à long terme. Voici comment naviguer dans la phase de croissance professionnelle et planifier pour l'avenir après la conclusion d'un projet majeur dans Revit.

1. Évaluation et Réflexion Personnelles:

Prenez le temps de réfléchir sur le projet que vous venez de terminer. Qu'avez-vous appris ? Quels étaient les défis et comment les avez-vous surmontés ? Cette auto-évaluation est essentielle pour reconnaître vos progrès et identifier les domaines à améliorer.

2. Planification de la Formation Continue:

Engagez-vous dans un apprentissage continu pour rester à jour avec les dernières technologies et méthodologies en architecture. Cela peut inclure des cours en ligne, des ateliers, ou des séminaires sur des sujets avancés de Revit ou d'autres logiciels de CAO/DAO.

3. Exploration de Nouvelles Opportunités:

Recherchez de nouvelles opportunités qui peuvent enrichir votre expérience, comme des projets de collaboration, des concours d'architecture, ou des rôles de conseil. Chaque nouvelle expérience est une chance de développer vos compétences et de construire votre réseau professionnel.

4. Participation Active à la Communauté Professionnelle:

Impliquez-vous dans la communauté architecturale, que ce soit par le mentorat, la participation à des forums en ligne, ou l'adhésion à des associations professionnelles. Le partage des connaissances et des expériences peut ouvrir des portes et renforcer votre présence dans le domaine.

5. Développement de Spécialisations:

Envisagez de vous spécialiser dans un domaine qui vous passionne, comme la conception durable, la restauration historique, ou la technologie BIM avancée. Devenir expert dans un domaine peut vous distinguer et vous apporter des opportunités uniques.

6. Construction d'un Portfolio Impressionnant:

Continuez à développer votre portfolio avec des projets significatifs réalisés dans Revit. Un portfolio bien construit est un outil puissant pour démontrer vos compétences et votre vision à de futurs employeurs ou clients.

7. Réseautage et Collaboration:

Élargissez votre réseau professionnel en participant à des événements, des conférences et des réunions de l'industrie. Les relations que vous construisez peuvent devenir des ressources précieuses pour les conseils, le soutien et les opportunités d'emploi.

8. Définition des Objectifs à Long Terme:

Définissez des objectifs clairs pour votre carrière. Où vous voyez-vous dans cinq, dix, ou vingt ans ? Avoir une vision claire peut guider vos choix de formation, vos décisions professionnelles et la direction de votre croissance personnelle.

Le Chapitre 12 guide Alex et les lecteurs à travers l'importante phase de préparation pour l'avenir, mettant en avant l'importance de la croissance continue, de l'exploration de nouvelles avenues, et de la contribution active à la profession. Ce chapitre clôt "Au Cœur de Revit : Rêves d'Architecte", non pas comme une fin, mais comme le début d'un nouveau chapitre dans la vie professionnelle d'Alex, plein de promesses et de possibilités.

Conclusion du livre : "Au Cœur de Revit : Rêves d'Architecte"

Alors que nous tournons la dernière page de "Au Cœur de Revit : Rêves d'Architecte", nous laissons derrière nous l'histoire d'Alex, une odyssée qui nous a menés à travers les défis, les découvertes et les triomphes d'un jeune architecte naviguant dans le monde complexe et fascinant de la conception assistée par ordinateur avec Revit.

Du premier chapitre, où Alex fait ses premiers pas hésitants dans l'utilisation de Revit, à la conclusion, où il se projette vers l'avenir avec confiance et ambition, ce voyage a été une illustration vivante de la croissance professionnelle et personnelle. Chaque chapitre a dévoilé une nouvelle couche de complexité et d'opportunité, reflétant le processus réel de conception architecturale dans le monde numérique d'aujourd'hui.

Leçons apprises

Alex, et par extension les lecteurs, a appris l'importance de la persévérance face aux défis techniques et créatifs. La maîtrise de Revit ne s'est pas faite du jour au lendemain. Elle a exigé de l'engagement, de la curiosité et une volonté constante d'apprendre. Les obstacles, plutôt que d'être des fins de parcours, sont devenus des tremplins vers une compréhension plus profonde et une maîtrise accrue.

La Collaboration au Cœur du Processus

Le voyage d'Alex a également souligné l'importance cruciale de la collaboration dans le domaine de l'architecture moderne. La capacité de Revit à faciliter la communication et la coordination entre les différentes disciplines a révélé qu'au-delà de la maîtrise technique, les qualités relationnelles et la capacité à travailler en équipe sont indispensables.

Vers l'Avenir

En conclusion, "Au Cœur de Revit : Rêves d'Architecte" n'est pas seulement l'histoire d'un projet ou d'un logiciel ; c'est une métaphore de la carrière d'un architecte. La fin de ce livre marque le début de l'aventure professionnelle d'Alex dans le monde réel, armé des compétences, des connaissances et des expériences acquises tout au long de son parcours.

Message aux Lecteurs

À vous qui avez suivi le parcours d'Alex, que vous soyez un novice curieux de découvrir Revit, un étudiant en architecture cherchant à affiner vos compétences, ou un professionnel aguerri explorant de nouvelles perspectives, ce livre est une invitation à poursuivre votre propre voyage d'apprentissage, de découverte et d'innovation.

L'architecture est un domaine en perpétuelle évolution, et Revit est un outil puissant qui ouvre de nouvelles possibilités de création et de collaboration. Alors que vous refermez ce livre, souvenez-vous que chaque projet, chaque défi, et chaque ligne de code est une étape vers la réalisation de vos propres rêves d'architecte.

La conclusion de "Au Cœur de Revit : Rêves d'Architecte" est un hommage à la persévérance, à l'innovation et à la passion qui animent les architectes et les créateurs du monde entier. Que votre parcours soit rempli de créativité, de collaboration et de réalisations remarquables.

www.ingramcontent.com/pod-product-compliance
Lightning Source LLC
LaVergne TN
LVHW051649050326
832903LV00034B/4780